AF561901

PARTI SOCIALISTE FRANÇAIS

(Unité Fédérative)

L'ACTION

DU

Parti Socialiste

AU PARLEMENT ET DANS LE PAYS

DISCOURS DE :

RENÉ VIVIANI

EDGARD MILHAUD

ARISTIDE BRIAND

JEAN JAURÈS

Au Banquet Socialiste de Paris du 28 Mai 1902

PRIX : 10 CENTIMES

EN VENTE :

Au Comité Interfédéral du Parti Socialiste Français

18, RUE PORTEFOIN, PARIS (3e ARR.)

PARTI SOCIALISTE FRANÇAIS

UNITÉ FÉDÉRATIVE

COMITÉ INTERFÉDÉRAL

18, Rue Portefoin — Paris (3e Arr.)

ADHÉSIONS

Pour adhérer au Parti Socialiste Français, les groupements politiques ou économiques doivent : 1° remplir les conditions prescrites par le Statut constitutif du Parti ; 2° souscrire à la formule qui sert de base aux Congrès du Parti et que voici :

« Entente et action internationales des travailleurs ; organisation politique et économique du prolétariat en parti de classe pour la conquête du pouvoir et la socialisation des moyens de production et d'échange, c'est-à-dire la transformation de la Société capitaliste en une Société collectiviste ou communiste. »

Les adhésions et les communications, ainsi que les demandes d'orateurs ou de propagandistes doivent être adressées au Secrétaire du Comité interfédéral, citoyen ALBERT ORRY.

COTISATIONS

Le Comité Interfédéral fait parvenir directement aux Fédérations — qui les remettent elles-mêmes à leurs groupements politiques et économiques — les cartes annuelles de membres du Parti.

Le montant de ces cartes, ainsi que tous les envois de fonds pour souscriptions, collectes, brochures, etc., doit être adressé au nom du Trésorier du Comité Interfédéral, citoyen THIZON.

POÉSIE

Du citoyen Clauzel, dite par l'auteur, à la Conférence Socialiste organisée par le Comité Interfédéral du Parti Socialiste Français, au Cirque d'Hiver, le 21 mai 1902.

AU TRAVAIL VAINQUEUR

Comme deux malfaiteurs qu'irrite un mauvais rêve,
L'Opulence et la Fraude à ton droit qui se lève
Préparaient, ô Travail, un guet-apens nouveau.
« Nous le saturerons d'alcool et d'impostures ;
« C'est un jeu d'abaisser aux mêmes forfaitures
« Son cœur et son cerveau.

« Comment il se dégrade, à quel prix il s'achète,
« Client de la Suburre, ilote du Taygète,
« Les siècles, à plaisir, nous en ont avertis.
« Pour Bonhomme, aux vieux jours, que sa torche pétille ;
« Qu'à l'aube d'une autre Ere, il prenne la Bastille ;
« Qu'il livre ses assauts, qu'il dresse ses partis,

« Nos calculs ont réglé ses fureurs éphémères ;
« Pour nous, ses Messidors sont gonflés de Brumaires,
« Ses Jacobins ont dû garder notre bétail ;
« Et nous verrons encor, réveillé de ses songes
« Le Travail qu'ont réduit notre Or et nos Mensonges
« Museler le Travail. »

Ainsi parlait de toi l'Inutile au Faussaire ;
Des ténèbres au jour l'outrage est nécessaire :
Quand l'Histoire au tombeau traîne un monde empesté,
Elle allume un délire en l'agonie immense
Et ton maître, ô Travail, dans sa mort qui commence,
Prend pour son propre bien ta jeune Eternité !

Avoir dit que ton cœur est plein d'attraits infâmes !
Croire que ton élan, publier que tes flammes
Sont pour la servitude et la vénalité !
Oh ! laisse dans l'oubli croupir leur basse injure ;
Comme je te connais et tel que je t'adjure,
Sois l'auguste Fierté,

Et l'auguste Tendresse, ô Travail ; d'un coup d'aile,
Quand sur l'ouvrage obscur penche ton front fidèle,
Laisse monter aux cieux ton espoir bienvenu ;
Vaillance pour saisir ton outil ou tes armes,
Douceur pour étancher ou le sang ou les larmes,
Qui voudra t'avilir ne t'a jamais connu !

Il ne te connaît pas, ô Semeur de la plaine,
Vigneron des coteaux, Verrier à l'âpre haleine,
Mineur cueillant la flamme au fond du gouffre noir,
O Mégissier, drapé dans ta poussière blanche,
Gazier dont le long sceptre, appuyé sur ta hanche,
Illumine le soir ;

Ajusteur tout puissant du fer et des argiles,
De la soie et du lin Tisseur, aux doigts agiles,
Tu dis : « Je veux, je fais » ; et, pour le genre humain,
Le pain, le vêtement, la maison, le breuvage,
Les Eléments soumis, la Machine en servage,
Tout le Bien, tout le Vrai, sont œuvres de ta main !

De ta main, ai-je dit ? ah ! mieux, de tout ton être ;
Le souffle du « surhomme » en ta moelle pénètre
Quand du Progrès épars tu soudes les lambeaux ;
Comme au fond de ton cœur toute grandeur palpite,
En ton crâne discret que la sagesse habite,
Veillent tous les flambeaux.

Car ta vaste souffrance est un Maître superbe ;
Les clartés, par moissons, fleurissent sous ton verbe,
Et dans ton avenir quiconque dit sa foi,
— Tribun que fait vibrer l'éclat de ta parole,
Troubadour que ravit ta naissante auréole —
En sa veille attentive, a tout appris par toi.

C'est fort de notre ardeur et sûr de nos présages
Que Floréal t'a vu, Travail aux deux visages,
— Demain Triomphateur et, la veille, Martyr —
Relever le défi d'exploiteurs frénétiques
Qui prenaient au ruisseau leur règle et leurs tactiques :
Affamer et Mentir !

O contraste ! O vengeance ! Ouragan plus sauvage
De tels limons jamais souilla-t-il un rivage ?
Noircit-il l'horizon de plus grossiers débris ?
Ta Ville reculait à l'origine abjecte,
Et réveillée. un jour, de sa fange suspecte,
La boueuse Lutèce envahissait Paris...

La rafale de honte où l'or impur bouillonne,
Entraîne Méricourt, les Iles, la Sorbonne.....
C'est le cloaque ouvert, c'est l'égout affranchi !
Et le grand Collecteur, au nombre des complices,
— Renou te le dira — sous le faix d'immondices,
Débordait à Clichy !

Mais Toi, par la splendeur de ta seule présence
Tu rachetais Montmartre et Montrouge et Plaisance ;
Croulebarbe et Grenelle entraient dans ton butin,
Et qui sait mieux que moi que vers la Maison-Blanche,
De ton honneur trahi. toi seul, pris la revanche,
Armant d'une pudeur le geste du Destin ?

Fais mieux que soulager Paris de sa torture ;
Autour de ses remparts, façonne une ceinture
De suffrages grondant en rouge tourbillon ;
C'est de ta République — Aimante et Souveraine —
Que parleront encor : Pantin à Bourg-la-Reine,
A Bondy Châtillon.....

Contre deux travailleurs, sacrés par tant de haines,
Dans un coin de Paris, dans un pli des Cévennes,
Harpagon et Caïn, deux sicaires jumeaux,
Ont trempé de venins un poignard plus perfide ;
Couvre de ton amour, incomparable Egide,
A Bercy Millerand et Jaurès à Carmaux !

Denain, Beaune et le Var ont vengé ton Fournière :
Au hasard de ta gloire, inscris sur ta bannière,
Saint-Etienne, l'Artois et Sedan, le Réveil,
Le Gard au ciel de feu, Vierzon que rien ne lasse,
Lyon et le passé, Pointe-à-Pitre et l'espace,
Marseille et le Soleil.

Plus d'un autre champ clos voyait, pour la bataille,
La sagesse des tiens grandir jusqu'à leur taille !
Chacun d'eux, à son rang, gouvernait tes frissons ;
Leur calme dans ta force est un sûr artifice ;
Par la fécondité du plus dur sacrifice
Tu te plais à mûrir les plus riches moissons.

Oui ! si j'entreprenais la liste de tes braves
— Chevaliers de ton droit, de ton mot d'ordre esclaves
Comme un sarment s'affaisse au poids de Fructidor,
Mon luth, sous ton fardeau, se briserait à terre...
Mais toi-même, ô Travail, dresse ton Inventaire,
Ouvre ton Livre d'Or !

Dr CLAUZEL

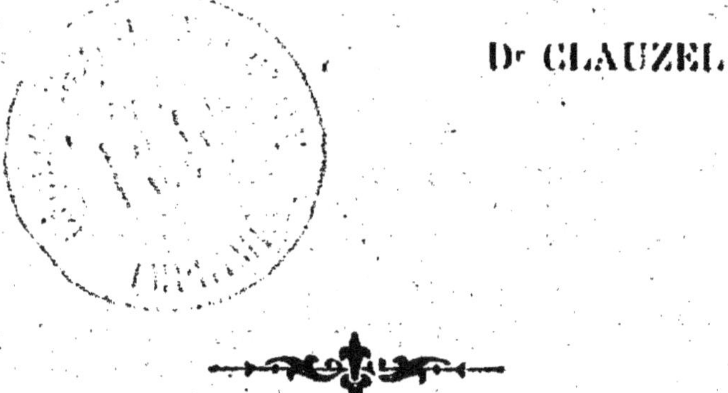

PARTI SOCIALISTE FRANÇAIS

(Unité Fédérative)

L'ACTION

DU

Parti Socialiste

AU PARLEMENT ET DANS LE PAYS

DISCOURS DE :

RENÉ VIVIANI

EDGARD MILHAUD

ARISTIDE BRIAND

JEAN JAURÈS

Au Banquet Socialiste de Paris du 28 Mai 1902

POÉSIE DU CITOYEN CLAUZEL

Discours du Citoyen René VIVIANI

CITOYENNES ET CITOYENS,

En réunissant dans ce banquet fraternel et les anciens et les nouveaux élus, en donnant en nos personnes une place d'honneur à ceux qui ont tenu le drapeau dans la bataille, qui ne l'ont pas laissé tomber, qui ont été, je vous l'assure, non pas vaincus par une idée, mais submergés par l'argent, en faisant cela, le Parti Socialiste a voulu marquer qu'il ne distinguait pas parmi ses serviteurs, que, vaincus et victorieux apparaissaient devant lui au même niveau, et que, s'il devait parmi eux opérer une distinction, c'était, en gardant à tous une part, égale d'amitié et d'estime, pour aller chercher les vaincus au fond de la défaite, pour les attirer à lui et pour les envelopper d'une plus affectueuse douceur (*Applaudissements*).

Le Parti Socialiste a voulu aussi indiquer que si les militants avaient devant lui les mêmes droits, ils avaient les mêmes devoirs ; que s'il y en avait qui étaient plus spécialement désignés pour l'œuvre parlementaire, d'autres étaient plus spécialement désignés pour la propagande; que s'ils étaient en apparence disjoints dans des tâches dissemblables, ils devaient, par des efforts harmonieux tendre au même idéal, c'est-à-dire préparer par l'éducation du prolétariat une base solide à la République sociale, afin que quand elle surgira de terre, ainsi que la République actuelle, comme un arbre privé de racines, elle ne soit pas exposée au premier caprice de la première tempête (*Applaudissements*).

Mais, citoyens, vous m'en voudriez si je gardais la

parole pour en faire un tel usage, si je ne parlais que de nos défaites éphémères, si j'oubliais que pour le parti socialiste, une bataille électorale est un incident, et surtout si j'omettais de me réjouir avec vous de nos succès communs. Oh! je sais qu'en prononçant ces mots, je vais me heurter aux polémiques lourdes et mensongères, qui participent davantage de la prestidigitation que de l'arithmétique, et qui, à l'heure où je parle, vont jusqu'au fond des urnes essayer de nous dérober notre butin; je veux, citoyens, contre elles, indiquer en quelques brèves paroles la marche de nos idées et préciser les gains moraux, intellectuels et matériels que nous venons de recueillir.

Ce qui trouble les esprits, ce qui fait que, même dans notre parti les constatations ne sont pas toujours exactes, c'est qu'en pareille matière, quand on parle d'élections, par une opération naturelle de l'esprit on se reporte à cette année 1893, à cette année éclatante, où en apparence, 51 députés socialistes furent élus. Vous entendez bien que je ne commettrai pas l'injustice de faire naître le parti socialiste à cette date récente, que je n'oublie pas que, même à cette époque il y avait trois députés socialistes au Palais-Bourbon, et qu'eussent-ils été absents, le Parti socialiste était né depuis longtemps; il est né avec la première protestation, même inconsciente, qui s'est élevée de la personne humaine contre l'iniquité des choses! (*Applaudissements*)

Mais, en 1893, nous avons, pour ainsi dire, procédé par bonds; nous avons, d'un seul assaut enlevé tous les postes, garni toutes les places, que, par une accession plus pénible, plus lente, nous aurions pu occuper seulement en quelques années. Comme un enfant, qui, par un miracle physiologique, grandirait en un seul jour d'un seul coup, le Parti socialiste, au point de vue parlementaire, a grandi d'un seul coup en un seul jour. Mais alors, citoyens, lequel, dans notre parti, même dans les partis adverses, à moins d'être frappé de cécité voudrait prendre cette croissance pour une croissance normale, voudrait qu'à chaque législature cinquante sièges fussent conquis, de sorte que la société capitaliste en aurait fini avec nous dans vingt-cinq années ?

La vérité c'est qu'après cela la croissance est devenue normale, que nous avons acquis sept ou huit sièges à chaque législature, les sièges promis à notre activité, qu'à l'heure présente le parti socialiste est en supériorité morale et matérielle sur les autres partis.

J'ajoute que, comme à plaisir, contre nos intérêts immédiats, mais pour la sauvegarde de notre honneur historique nous avons jeté les épreuves et les difficultés sur notre chemin. Ah! nous aurions pu, sous un pavillon éclatant, courir toutes les aventures! Nous aurions pu prêter notre nom, prostituer notre force et grandir dans l'équivoque! Au lieu de cela, nous avons purifié notre parti et nous avons précisé notre doctrine (*Vifs applaudissements*), avec une netteté meurtrière. Dès 1896, brisant en deux le groupe parlementaire, nous séparant de vingt-deux députés, nous avons rappelé que, pour être socialiste, il ne suffisait pas d'aimer le peuple, de souhaiter le progrès, d'adhérer à une formule même généreuse, qu'il fallait adhérer à des formules nettes, tranchantes, décisives, et, par là, nous avons exclu la déclamation! (*Applaudissements.*)

Il y a trois ans, au cours d'une crise formidable, nous avons rappelé que la République, même injuste pour les travailleurs, était la République, que, comme notre bien commun, nous devions la défendre contre la perfidie des moines et l'insolence des généraux (*Applaudissements*), et par là nous avons répudié la démagogie. Aussi nous avons vu se retourner contre nous, et tous ceux à qui nous avions arraché leur masque, et aussi cette réaction, qui avait tant escompté notre impatience, nos violences, nos colères, notre indiscipline, et qui, croyez-le bien, nous tient une égale rancune de notre vigilance républicaine et de notre activité socialiste. Mais, à travers toutes ces épreuves, à travers ces difficultés, qu'elles nous aient été dispensées par le destin ou qu'elles aient été par nous accumulées sur notre propre route, le Parti socialiste a marché, il a grandi, il s'est épuré au point de devenir l'appoint et l'arbitre moral de toutes les fractions républicaines.

Et puis, citoyens, est-ce que je vais longtemps me pencher sur les urnes pour compter les neuf cent mille suffrages qui ont adhéré à nos conclusions économiques et à nos revendications intégrales? Et n'est-il pas juste d'ajouter à ces voix officiellement connues toutes les voix éparpillées dans la vaste France, toutes ces voix qui, dans les circonscriptions lointaines que notre propagande n'a pas encore visitées n'ont pu se compter sur un candidat socialiste absent, mais se sont comptées sur un républicain, et par là ont lutté contre la réaction, car nous nous sommes battus partout, nous n'avons pas connu le jeu fructueux des abstentions criminelles et des désistements meurtriers. (*Vifs applaudissements*).

Mais, citoyens, est-ce que, même pour trouver nos adversaires, nous allons descendre et faire descendre le débat jusqu'à un tel niveau; est-ce que c'est par une opération arithmétique qu'on signale l'importance d'un parti, est-ce que la valeur numérique n'est pas toujours inférieure à la valeur morale? Ah! quand je parle ainsi, quand je considère ici et au dehors, notre parti, quand je vois confondus aux militants les élus que le suffrage universel nous a restitués et ceux qu'il nous a envoyés, quand je sens que je dois faire violence à mon affection fraternelle, qui parmi vous voudrait aller les rejoindre, au risque d'être accusé d'exalter les mérites de mon parti, au risque d'être accusé de parler en fils orgueilleux, je demande où est le parti qui peut apporter des trésors de dévouement et d'éloquence égaux aux vôtres. Vous pouvez attendre avec une sérénité confiante les grands débats qui vont s'ouvrir au Parlement, les débats diplomatiques, philosophiques, littéraires, politiques, économiques. Nos élus y paraîtront, et, devant la conscience du pays, remporteront au moins la victoire morale. Et quel est donc ce parti, qui, accusé par nos adversaires de la façon que vous savez, dont on dit qu'il ne fait appel qu'aux passions basses, qu'il remue dans l'âme les convoitises les plus viles, qu'il veut abaisser l'humanité au rang de la bête, et qui, ayant à choisir une représentation pour le Parlement, la constitue si noble et si forte, que, non seulement elle sera un bouclier pour notre parti, mais, une des parures de la nation! (*Applaudissements répétés.*)

Ce qui fait cependant la force du parti socialiste, ce n'est pas seulement la parole, tour à tour substantielle et frémissante de ses orateurs; c'est une puissance mystérieuse et cachée qu'on ne trouve qu'en lui, c'est que le plus faible est attaché au plus résistant, c'est que, prisonniers volontaires du même idéal, vous êtes rassemblés les uns aux autres par des liens invisibles, si bien que lorsque l'un se lèvera pour combattre, tous seront debout, que quand l'un sera frappé, vous serez tous meurtris par la même blessure (*Applaudissements*). Allez donc à la bataille, élus du parti socialiste, qu'en son nom je salue d'une parole émue, allez au combat et n'oubliez pas que si, de par la noble fiction de la constitution républicaine, vous êtes les élus de la France, de par la fiction élargie de la constitution socialiste, vous êtes les représentants du prolétariat universel. (*Vifs applaudissements*).

Mais citoyens, à quelles batailles faut-il aller; par quel chemin faut-il se guider; de quelles armes faut-il se servir? A ces questions que pose le parti socialiste, je vais brièvement répondre, et j'aurai ainsi rempli mon mandat tout entier.

Il est bien entendu, citoyens, que je ne vais pas parler de notre programme; qu'il a été fixé par le Congrès de Tours; qu'il reste immuable; que nous n'avons rien à en retrancher, rien à y ajouter; quant à moi je n'en parlerai pas, résigné d'avance à voir s'émousser sur notre indifférence la critique acerbe de quelques socialistes, pour qui la révolution sociale est un article d'exportation, dans les circonscriptions des autres! (*Rires et applaudissements*)

Nous sommes ici pour nous concilier sur la tactique, et, comme il s'agit de l'avenir, il est bien naturel que nous rappelions le passé, non pas pour en faire surgir des amertumes et des regrets, mais pour en faire surgir les conclusions impersonnelles qui s'imposent.

Le parti socialiste, en huit années, a été offert à des fortunes diverses et en apparence contradictoires. Tandis qu'au début de sa carrière parlementaire, à part le court intermède où il a soutenu le cabinet Bourgeois, il a dû mener l'opposition républicaine contre M. Casimir-Périer, contre M. Méline, dans les années récentes, à part la période où il a combattu le cabinet Dupuy, il a rallié sur le terrain du combat la défense républicaine. Nous avons pris, ce jour-là, toutes les responsabilités, pensant que la révolution elle n'est pas dans la parade, elle n'est pas dans le geste de théâtre, elle n'est pas dans la parole, elle est dans l'acte. Nous avons pris ce jour-là les responsabités tout entières. Nous avons dit que la République, même bourgeoise, même celle-ci, ne pouvait être confessée par les prêtres et piétinée par les soldats. Nous avons été, dans une heure de péril, au gouvernement qui, par une sorte d'ironie de l'histoire, était beaucoup moins un gouvernement qu'une opposition normale, légale et régulière à toutes les puissances sociales et religieuses déchaînées sur la démocratie (*vifs applaudissements*). Et puis nous avons lutté contre ce gouvernement, nous avons essayé de réveiller, il y a quelques mois, son ardeur républicaine assoupie, et nos discours, et nos interpellations et nos critiques et nos votes sont au *Journal Officiel* (*Applaudissements*). Voilà l'œuvre que nous avons accomplie ; nous la livrons, avec ses fautes nécessaires, à la conscience du prolétariat.

Mais il ne s'agit pas de cela ; il ne s'agit pas même de rappeler qu'à cette époque s'est produit pour la participation au pouvoir, une adhésion qui, il faut être juste, ne pouvait être et n'était, dans l'état du parti, qu'une adhésion personnelle. Cette adhésion s'est évanouie ce soir. Le Parti socialiste a déjà pris ses garanties et a déclaré que tant qu'un prochain Congrès n'en décidera pas autrement la participation d'un socialiste dans un ministère bourgeois est interdite; et nous savons bien que jusque-là personne n'y songe; que si une adhésion personnelle se produisait, quelle qu'en fut la forme, quelles que fussent les conditions et les circonstances, elle couvrirait une trahison dont le ministère qui en serait complice deviendrait immédiatement responsable *(Vifs applaudissements)*.

Mais, citoyens, à quoi sert-il de rappeler ces faits présents à toutes les mémoires; à quoi sert-il de préciser toutes ces règles que vous n'avez pas oubliées ?.. Voici : la période qui se ferme est restituée à l'histoire; une période s'ouvre, dans laquelle nous allons pénétrer, et dans laquelle il s'agit de savoir quelle sera notre tactique.

Citoyens, dans une démocratie libre, il y a deux pouvoirs; le gouvernement effectif qui conduit les hommes, le gouvernement moral de la pensée qui entraîne les consciences et les esprits. C'est à ce gouvernement que, par la propagande, par la parole, par la plume, par les réunions, c'est à ce gouvernement de la pensée humaine que, plus que jamais nous allons participer. Citoyens, nous voulons reconstituer, nous voulons discipliner, et, quoique le mot paraisse bizarre, nous voulons gouverner l'opposition. Mais, cette opposition, elle a été depuis trois années, la cause de tant de stupidités, de tant d'abjections que, pour l'honneur de mon parti, je demande la permission de répudier certains contacts.

Le Parti socialiste ne rêve pas d'une opposition injurieuse, grossière, bestiale, avilissante, qui paralyse l'esprit et glace la conscience des partis, paresseuse et vide au demeurant, qui se couche le soir avec un anathème convenu, qui se lève le matin avec une invective monotone, qui pour se libérer du labeur décrète de vénalité et de trahison tous les gouvernements, qui veut abaisser, par ses outrages, ses adversaires afin de les trouver à son niveau, car cette opposition, pour ne pas salir ses mains noires, le prolétariat l'abandonne aux mains blanches de quelques académiciens *(Vifs applaudissements).* Nous voulons une opposition permanente, permanente comme notre pensée, en ce sens que nous opposons un régime à un régime, une société à une société, un idéal à un idéal; nous voulons une opposition positive, féconde, créatrice, et non pas négative; et, je le dis à nos amis du Parlement, lorsque vous viendrez, après un soir de bataille, nous rapporter les échos d'un combat, quand vous viendrez nous dire que, sous le souffle de votre parole, vous avez fait trébucher un cabinet de réaction, s'il s'en présente, vous aurez nos félicitations, mais pas toutes nos félicitations; parce que le parti socialiste, s'il comprend l'opposition aux personnes, veut surtout l'opposition aux choses; parce que ce que nous voulons, c'est qu'à tout projet de la société capitaliste vienne s'opposer le projet du socialisme; nous voulons que vous éventriez les budgets, que vous exploriez les conventions publiques, que vous déposiez à la tribune les amendements, que, même d'un scandale vous fassiez sortir la conclusion sociale et économique qui intéresse le parti socialiste *(Vifs applaudissements)*, afin que, dans cette nation française qui a l'horreur du vide, au moment où la société capitaliste s'affaissera peu à peu sous vos critiques et sous vos coups, on voie se lever peu à peu sous votre action bienfaisante la société de demain. Voilà quel est à mon sens le rôle que doit jouer le parti socialiste et dans la Chambre et hors de la Chambre.

Maintenant, citoyens, il ne me reste plus que quelques

paroles à prononcer : que nous soyons tous rassemblés afin que, du même cœur et du même esprit, écartant les divisions fratricides, nous accomplissions notre œuvre ; cette œuvre j'ai essayé de la définir ! il nous faut discipliner et gouverner l'opposition ; il nous faut arracher aux oppositions avilissantes qui nous entourent, tous les malheureux et tous les faibles, leur faire comprendre qu'ils doivent substituer à leurs griefs particuliers une accusation sociale, remplacer dans leurs cœurs la haine stérile qu'ils ont contre les hommes irresponsables, par la haine féconde qu'il faut porter aux institutions mauvaises *(Vifs applaudissements)*.

Voilà notre œuvre, notre œuvre tout entière, et, devant son ampleur et sa difficulté, ce n'est pas le Parti socialiste, qui a l'emploi de tant de qualités presque contradictoires qui pourra céder. Allons donc à la bataille, mes amis, et montrons à ce pays ce que nous sommes, montrons-lui que, jusque dans l'opposition, nous pouvons prendre la figure du gouvernement futur, et que si, par les jours que le destin lui réserve, la France est arrachée aux mains tour à tour criminelles et incapables de la bourgeoisie capitaliste, elle ne sera pas pour cela tombée dans le vide, qu'elle aura une réserve d'hommes. Soyons cette réserve ! Préparons-nous à porter ce noble fardeau, rendons-nous en dignes, par l'éducation constante du prolétariat, et en travaillant à l'élévation morale et intellectuelle de la nation. Citoyens, restons attachés à cette France que nous aimons pour tout ce qu'elle a fait, pour tout ce qu'elle promet, à laquelle nous sommes reliés par la splendeur des souvenirs et des espérances, parce que, hier, elle a été dans la main de nos pères l'instrument de la révolution française, parce que, demain, elle sera dans la main de nos fils l'instrument de la révolution humaine ! *(Applaudissements prolongés et répétés)*.

Discours du Citoyen Edgard MILHAUD

Citoyennes et Citoyens,

Le Comité Interfédéral a désiré donner la parole à l'un des siens qui ne fût point actuellement et qui n'eût point été précédemment non plus un élu. C'est à ce double titre — ce titre doublement négatif ! — que je m'adresse à vous en son nom.

Le citoyen Viviani vous a dit comment, étant député, il avait conçu sa tâche, comment le groupe parlementaire avait entendu et entendait son rôle ; il vous a dit comment il avait compris la bataille électorale, ce qu'elle avait été pour lui. Et vous avez témoigné, par vos acclamations, ce qu'avait voulu témoigner le Comité Interfédéral en appelant le citoyen Viviani, assisté des citoyens Chassaing et Gras, à présider ce banquet : je veux dire que notre parti ne fait pas de différence entre ses militants défaits et ses militants victorieux *(Applaudissements)*.

Citoyens, je dois exposer d'abord quel est le prix que, nous qui ne sommes point des élus, nous qui ne faisons point partie du groupe parlementaire, nous qui sommes extérieurs au Parlement, nous attachons à l'action parlementaire ; et nous devons dire tout d'abord que nous nous sommes mêlés à la lutte avec passion, la considérant comme extrêmement importante pour notre parti. Nous avons vu en elle, comme nos prédécesseurs, d'abord une occasion de faire de la propagande, car jamais le peuple n'est plus en éveil que pendant ces grands mouvements électoraux, et nous devons en profiter pour faire pénétrer jusque dans les plus lointains hameaux la parole socialiste.

Mais nous nous distinguons de ceux qui, les premiers,

ont créé en France un parti socialiste, en ce que, ayant conquis, grâce à eux, il faut le dire, une grande [illegible] et une grande puissance d'action, nous ne voyons plus seulement dans l'action parlementaire un moyen de faire la critique de la société capitaliste et de répandre dans le peuple nos idées ; pour nous l'action parlementaire est autre chose encore : elle doit être une action proprement dite, elle doit être efficace, elle doit produire des résultats ; pour nous, l'action électorale n'est pas uniquement un moyen de propagande : en préparant l'action parlementaire, elle vise elle aussi à des résultats, elle prépare elle aussi des transformations. Voilà le sens qu'aujourd'hui nous attachons et à l'action électorale et à l'action parlementaire (*Applaudissements*).

Nous avons un programme de réformes immédiates, c'est-à-dire de réformes compatibles avec les principes généraux de la société présente. Ce programme, nous le prenons très au sérieux ; et nous comptons bien que nos députés, au cours de la législature qui va s'ouvrir, feront pénétrer dans la réalité une part importante de son idéal tout prochain.

Dès demain, le groupe parlementaire sera, à côté de nous, sur la brèche; nous comptons que dès demain il nous apportera et apportera à la classe ouvrière des résultats.

Citoyens, notre organisation, qui considère que le groupe parlementaire a cette très grande utilité, estime aussi que lorsqu'elle a fait tout ce qui dépendait d'elle pour lui fournir le maximum de force possible, elle est loin d'avoir épuisé son rôle et accompli tout son devoir ; après avoir fourni les plus grands efforts aux élections législatives, de même qu'à toutes les élections auxquelles elle prend part, il lui reste à remplir sa tâche propre, sa tâche directe, sa tâche de tous les jours, qui a trait encore et avant tout à la propagande.

Les anciennes organisations ont conçu comme nous cette

tâche, et à ces anciennes organisations, je le répète, dans l'œuvre historique qu'elles ont accomplie, nous rendons pleinement hommage. Mais il s'est trouvé qu'à mesure que la pensée socialiste a pénétré plus loin dans le pays, à mesure que dans des milieux plus nombreux et plus divers des foyers de vie socialiste se sont constitués, l'immense majorité des militants ont senti le besoin de plus d'indépendance, de plus d'autonomie, afin de pouvoir mieux adapter et la propagande et l'action aux conditions particulières des diverses localités et des diverses régions. Ce besoin ne s'est pas seulement manifesté en France; et pour bien vous montrer qu'il ne répond pas à des préoccupations de nouvelles sectes, mais à une tendance générale du mouvement socialiste, je rappellerai que les partis de deux pays voisins du nôtre, le parti belge et le parti allemand, nous offrent un spectacle analogue; les fédérations régionales sont les éléments essentiels du parti ouvrier belge, et à l'intérieur de l'organisation allemande se sont développées, dans ces dix ou douze dernières années, une série d'organisations différentes, régionales et provinciales. Il y a une démocratie socialiste bavaroise, une démocratie socialiste wurtembergeoise, une démocratie socialiste saxonne, etc..., toutes réunies au parti, mais toutes possédant une large part d'autonomie qui répond à la nécessité de différencier la tactique selon les différences de conditions locales *(Applaudissements)*.

Eh bien, conformément à ce même besoin qui se fait sentir partout, dans ces dernières années se sont constituées en France des fédérations autonomes, les unes départementales, les autres régionales, lorsque les organisations départementales n'avaient pas encore assez de force pour constituer un centre d'action suffisant, et c'est dans ces fédérations que nous voyons à l'heure actuelle, en France, la plus grande force et tout l'avenir du socialisme. Les fédérations ont une vie à elles; elles dirigent à l'intérieur du département ou de la région la propagande et l'action; elles ont leurs congrès annuels auxquels tous les groupes de la fédération sont représentés, leurs comités fédéraux, chargés d'exécuter les décisions du congrès ; un certain nombre d'entre elles ont déjà leurs journaux. S'adaptant tout naturellement, d'instinct, pour ainsi dire, aux conditions du milieu, elles déploient l'activité la plus intense et la plus efficace possible.

Les fédérations, toutefois, n'ont pas considéré qu'il fût dans leur destinée de demeurer isolées les unes des autres; celles de départements voisins entretiennent des relations entre elles ; elles voisinent, elles se prêtent les unes aux autres leurs militants, leurs conférenciers, leurs brochures. En outre, dès le début elles se sont rapprochées en une organisation plus vaste qui a été le Comité général du parti socialiste français. Par une évolution ultérieure cet organisme s'est modifié ; certaines de ses attributions qui rappelaient trop encore celles des conseils nationaux des anciennes organisations ont disparu, et le Comité Interfédéral qui s'est ainsi constitué n'est rien d'autre et ne veut rien être d'autre que le comité administratif des fédérations.

Le Comité Interfédéral conçoit sa tâche, d'abord et essentiellement, comme une tâche de propagande. Il y a, je le disais tout à l'heure, des fédérations qui sont faibles encore; ce sont celles des régions qu'on avait négligées, parce qu'elles constituaient un terrain très difficile pour la propagande socialiste. Aujourd'hui il faut s'occuper de ces régions, et c'est même de leur côté qu'il faut diriger le maximum d'effort; mais si les fédérations qui travaillent à les organiser et à les amener au socialisme étaient abandonnées à elles-mêmes, l'effort nécessaire ne pourrait être fourni. Il faut donc que les parties du pays qui sont plus avancées, qui sont plus riches, qui ont plus de militants, leur viennent en aide : le Comité Interfédéral permet d'atteindre ce résultat ; par son intermédiaire, les fédérations les plus faibles disposent, comme les plus plus prospères, des propagandistes et des matériaux de propagande dont elles ont besoin. Par lui, partout et toujours l'œuvre de propagande se fait.

Mais le Comité Interfédéral a une autre fonction à remplir, qu'il juge également fort importante. Les fédérations, dans leur dernier congrès — et les congrès sont la manifestation suprême de la vie, de la pensée et la volonté du pays socialiste tout entier — les fédérations ont donné au Comité interfédéral mandat d' « organiser la propagande *et l'action* ».

Qu'est-ce qu'organiser l'action? C'est lui donner la forme d'un mouvement d'ensemble, d'un mouvement réglé et coordonné. Il se trouve, citoyens, que les anciens groupements, qui étaient pourtant dirigés par des comités forts et tout-puissants, n'ont pas su faire pénétrer en France des habitudes d'action organisée, c'est-à-dire qu'ils n'ont pas su, à l'occasion des grands événements de la vie publique, remuer au même moment, d'un même élan, pour un même but, les masses socialistes et la classe ouvrière tout entière. Eh bien, cet effort que les anciennes organisations n'ont pas accompli et qui eût consisté à réunir, sur toute l'étendue du territoire, toutes les énergies et toutes les volontés socialistes pour les opposer, en un grand mouvement de revendication ou de protestation, au monde bourgeois, aux iniquités capitalistes, aux iniquités militaristes, cet effort, le Comité Interfédéral veut l'accomplir, et il compte, pour l'y aider, sur le concours dévoué de toutes les fédérations départementales et régionales, qui lui ont donné la charge d'organiser l'action *(Applaudissements)*.

Au reste, pour cela, le Comité Interfédéral ne négligera jamais le groupe parlementaire qui, il l'espère aussi, ne le négligera point. Dès maintenant, une première réunion, toute spontanée, a eu lieu entre ces deux groupements qui représentent tous deux le prolétariat français organisé. Il est à souhaiter qu'à l'avenir, selon les besoins et pour permettre au Comité Interfédéral de remplir la mission que lui a assignée le congrès de Tours, le groupe parlementaire se mette en rapport avec lui chaque fois que se présentera l'occasion d'un mouvement d'ensemble. Par l'intervention du Comité Interfédéral, l'action du groupe de la Chambre se doublera de l'action du parti socialiste tout entier. Et cela est nécessaire. Prenons un exemple : que la loi sur les retraites, qu'une loi d'assurance sociale soit bientôt discutée; pensez-vous, citoyens, qu'il suffise que nos élus fassent à la tribune de la Chambre tous leurs efforts afin de faire triompher les revendications du prolétariat pour que le prolétariat ait accompli sa tâche ? Pour nous, cela ne suffit pas; il faut que le parti socialiste tout entier et que la classe ouvrière, groupée derrière lui, formulent à la même heure dans le pays les revendications que nos députés soutiendront dans l'enceinte du parlement; il faut que des réunions publiques se tiennent partout et que partout s'élève un même cri. Ainsi nous exercerons, du dehors, une très forte pression sur le parlement, nous pèserons sur la décision d'un grand nombre de députés. Pendant la période électorale, les candidats des partis qui nous combattent font toute sorte de promesses et prennent toute sorte d'engagements. Eh bien, citoyens, il faut, l'heure venue, les leur rappeler, et nous socialistes, nous ne devons pas négliger d'agir même par l'intermédiaire d'élus d'autres partis, lorsque nous n'avons pas réussi encore à assurer le succès de nos propres candidats *(Applaudissements)*.

Pour atteindre ce résultat, pour forcer la main à des hommes qui ont pris des engagements ou fait des promesses afin d'obtenir des mandats, mais avec l'espérance intérieure de ne jamais les tenir. il faut que nos camarades soient toujours debout ; que chaque fois qu'un grand projet est en question — et, citoyens, à mesure que notre parti grandira, et dans le pays et dans le parlement, des projets plus grands seront en question, jusqu'au moment où se discutera dans un parlement, car cela encore se discutera dans un parlement, la question suprême — eh bien, il faut qu'en ces moments-là tous les citoyens soient assemblés en de grandes réunions publiques, qu'ils soient tous debout et qu'ils crient à leurs élus, et à leurs élus socialistes et aux élus qui ne sont pas socialistes, qu'ils ont la volonté ferme de faire aboutir les projets qui donnent satisfaction à un point essentiel de leur programme. Il faut qu'on prenne ainsi l'habitude de grouper, pour ces actions d'ensemble, les citoyens intimement unis dans un même idéal. Si nous ne prenons pas ces habitudes, si lorsque des circonstances de moindre importance se présentent nous restons chacun chez nous, laissant nos élus, pendant quatre années, faire nos affaires au lieu de les seconder et de les aider à les faire, le jour où des questions plus graves se poseront, ils ne pourront pas les résoudre parce que nous ne serons pas à leurs côtés pour les y aider *(Applaudissements)*.

Citoyens, vous le voyez, nous concevons l'union la plus parfaite possible et entre les fédérations, et entre les fédérations et le comité Interfédéral, et entre le comité Interfédéral et le groupe parlementaire, entre tous ces organes de la vie politique de notre parti. Mais il y a plus ! L'action ouvrière se manifeste sous d'autres formes que la forme politique : il y a l'action syndicale, il y a l'action coopérative ; l'importance de ces deux formes d'action a été souvent méconnue par les organisations qui nous ont precédés. Nous devons, nous, affirmer très haut que nous les estimons indispensables à l'émancipation entière du prolétariat. *(Applaudissements)*.

De plus en plus cette pensée se fait jour, et chez nous, et hors de notre pays. Les luttes entre les « politiciens », comme on a dit bien souvent avec une intention désobligeante, et les syndicaux se sont atténuées ; nous ne serons satisfaits que lorsqu'elles auront disparu complètement. Les luttes entre le parti politique et les coopératives ont aussi trop longtemps affaibli et divisé le prolétariat. Mais, citoyens, qu'y a-t-il qui converge mieux vers un même but que l'action syndicale, l'action coopérative et l'action politique? Quel est le but de l'action politique? D'une manière immédiate, il est de réaliser des réformes. C'est ainsi que dans les quatre années de la législature qui va s'ouvrir, les élus qui sont auprès de nous feront tous leurs efforts pour obtenir au parlement des mesures qui amélioreront les conditions de l'existence matérielle et morale du prolétariat. Ils feront effort pour faire accorder aux vieux travailleurs des retraites; aux invalides, aux malades, des pensions et des secours; ils feront effort pour réduire les charges fiscales qui pèsent sur la classe ouvrière, pour dégrever le plus possible le budget des petites gens et leur rendre ainsi la vie moins lourde.

Et maintenant, quelle est la tâche des syndicats, leur tâche immédiate? Mais elle tend rigoureusement au même résultat; elle consiste à faire hausser les salaires, elle consiste à réduire la durée du travail, et cela concorde tout à fait avec ce que poursuivent nos élus au parlement. Les coopératives?... Mais nous trouvons que certaines d'entre elles, les coopératives de production, cherchent également à réaliser pour les travailleurs les conditions les plus avantageuses possibles; dans presque toutes les sociétés coopératives de production la journée de huit heures est organisée. Quant aux sociétés de consommation, elles tendent à permettre à la famille ouvrière, avec le salaire que le syndicat aura élevé le plus possible et que l'action politique aura dégrevé le plus possible, d'acquérir la plus grande quantité possible de subsistances, c'est-à-dire de satisfaire le plus complètement possible ses besoins.

Il y a donc, vous le voyez, en cela un accord complet. Envisageons-nous maintenant le rôle futur de l'action politique, de l'action syndicale et de l'action coopérative? Mais l'action politique tend à substituer à la propriété capitaliste, la propriété socialiste. Or nous voyons que les coopératives, dans le cadre même de la société présente, sont un début de socialisation; et elles sont mieux q· e cela, elles sont le moyen de former des administrateurs tout prêts pour la gestion économique de la société future (*Applaudissements*). De même les syndicats initient les travailleurs au mécanisme des lois économiques, ils les habituent à étudier les besoins de la société, à connaître les fluctuations du travail, du marché, ils leur enseignent les nécessités auxquelles devra satisfaire même une société socialiste, jusqu'à l'heure où le socialisme sera devenu une vérité universelle.

Mais ce n'est pas tout : les syndicats et les coopératives ont déjà revêtu la forme internationale à laquelle nous tendons. La plupart des fédérations d'industries ou de métiers ont des attaches avec les organisations des autres pays; certaines rayonnent à travers toute l'Europe, et il en est qui atteignent l'Amérique, il en est qui sont reliées à des groupements similaires dans toutes les parties du globe, partout où s'est développée une vie capitaliste.

D'autre part, les coopératives, depuis une dizaine d'années, ont fait en Europe des progrès extraordinaires qui les ont amenées à se mettre en rapport les unes avec les autres; il y a en Angleterre, en Hollande, en Danemark, en Allemagne, en Suisse, des sociétés d'achat en gros qui ont une signification économique considérable; ces sociétés ouvrières relient, comme par un réseau, les producteurs ouvriers d'un pays et les consommateurs ouvriers d'un autre pays; c'est comme une internationale économique qui s'est ainsi constituée; certaines de ces coopératives, — je parle des sociétés en gros d'Angleterre, — sont aujourd'hui extrêmement puissantes; elles possèdent des entreprises industrielles de première importance, de vastes exploitations agricoles; elles ont une véritable flotte marchande, elles possèdent aux colonies d'immenses plantations dans lesquelles elles emploient de très nombreux travailleurs indigènes, et je vous prie de croire que les indigènes qui travaillent pour des coopératives ouvrières sont autrement traités que ceux qui travaillent pour les capitalistes européens.

Il y a là une action internationale fort importante, qui se développe à l'insu de beaucoup d'entre nous. Nous devons l'étudier et nous devons la seconder. Le parti socialiste français, très conscient de la grande portée immédiate et future des organisations économiques du prolétariat, accepte comme groupes adhérents les syndicats et les coopératives socialistes ; mais dans un esprit plus large, le parti socialiste français porte une sympathie sans réserve à toutes les coopératives et à tous les syndicats qui sont véritablement ouvriers, c'est-à-dire qui ne sont pas des moyens pour les patrons de combattre l'action ouvrière, qui ne sont pas, bien entendu, des coopératives jaunes ou des syndicats jaunes (*Applaudissements*).

L'action internationale économique dont je viens de vous parler s'accompagne pour nous d'une action internationale politique qui, depuis le congrès de 1900, s'est créée un organe dans le secrétariat socialiste international qui siège à Bruxelles ; depuis qu'il s'est constitué, d'abord le Comité général, puis le Comité Interfédéral, ont toujours été soucieux de suivre ses indications et de seconder le plus possible son œuvre. C'est que nous savons qu'en dehors de l'internationalisme il n'y a pour le socialisme aucune chance de succès, et nous voulons par suite que notre parti ne soit qu'une manifestation particulière du socialisme international qui ne connait pas de frontières (*Applaudissements*).

De plus en plus les idées de paix pénètrent dans les peuples ; même les gouvernants se voient obligés en de certains instants de rendre hommage à des conceptions que les socialistes ont été les premiers à répandre. Il y a deux ou trois jours encore un ministre italien, le ministre des affaires étrangères, prononçait quelques paroles qu'un ministre des affaires étrangères n'eût pas prononcées il y a vingt ans.

« Aucun nuage, disait M. Prinetti, ne trouble maintenant l'horizon politique. Résoudre par des voies pacifiques les questions qu'on livrait autrefois aux chances de la guerre est aujourd'hui le programme commun des puissances. C'est désormais dans des combinaisons de paix, que se préparent et se décident les destinées des peuples. »

Certes, je le sais, nous ne devons pas prendre à la lettre de pareilles déclarations ; je crois toutefois qu'en ce qui concerne l'Europe elles répondent assez exactement à la réalité, non pas peut-être par la volonté des gouvernants, mais parcequ'ils savent que la volonté des peuples est là et parce que nous ne tolèrerions pas aujourd'hui que l'ambition de quelques gouvernants ou l'intérêt de quelques groupes de capitalistes provoquât une grande collision des puissances européennes. Mais si la paix parait de moins en moins menacée au cœur de l'Europe, hors d'Europe les tendances impérialistes suscitent chaque jour de nouveaux sujets de querelle. Pour combattre cet impérialisme qui n'est pas seulement anglais, mais qui est américain, qui est allemand, qui est français, il n'y a qu'un moyen, c'est d'étendre l'action incessante du prolétariat.

Pour cela, et pour satisfaire à toutes les obligations qui nous incombent, nous avons besoin du concours de tous. Trop de socialistes se contentent d'être intérieurement des fervents de notre idéal, de suivre avec une émotion qui ne se dément jamais et les succès et les insuccès de notre parti, de lire les livres et les publications nouvelles; mais ils négligent une toute petite chose, qui a un prix infini, c'est de se faire inscrire dans nos organisations. Citoyens, le premier des devoirs, pour un socialiste, c'est de s'organiser, parce que, d'abord, en pénétrant dans un groupe, il prend part à la vie morale du parti, et ensuite, chose qu'il ne faut pas négliger, parce qu'il prend sa part de ses obligations matérielles; les cotisations servent à faire vivre le parti, elles servent à répandre les brochures, les livres, à envoyer partout dans le pays des orateurs, et ceux qui ne cotisent pas, ceux qui n'adhèrent pas à des groupes, manquent à un devoir essentiel auquel il est bon de les rappeler (*Applaudissements*).

Citoyens, je vous demande à tous, au nom du Comité Interfédéral, au nom du parti, de faire effort autour de vous pour amener dans les groupes de quartiers et dans les fédérations tous ceux qui n'y sont point encore. Il importe au succès de la lutte que nous menons que tous nos amis, que tous les socialistes soient groupés, que tous les socialistes soient unis.

Dans cette pensée, dans la pensée du groupement et de l'union nécessaire de toutes les forces socialistes, je lève mon verre à nos élus, à ceux d'hier et à ceux d'aujourd'hui, je lève mon verre à nos fédérations départementales et régionales, fraternellement unies dans le parti socialiste français, au Parti Socialiste Français, fraternellement uni aux partis socialistes de tous les pays ; je lève mon verre au socialisme international ! (*Vifs applaudissements*)..

avoir pour conséquence la suppression du salariat *(Applaudissements)*.

En sorte que leur zèle au service de la réforme, évolue dans un cadre trop étroit pour notre idéal et que notre action tend à rompre *(Très bien, très bien)*.

Dans ces conditions, citoyens, s'il est vrai que, soit pour l'obtention des réformes communes à leur programme et au nôtre, soit pour la défense des libertés publiques, nous pouvons être appelés, dans le pays par notre propagande, à la Chambre par nos interventions et nos votes respectifs, à une action commune, nous devons quand même nous attendre à les trouver hostiles chaque fois que nous ferons effort pour la réalisation de l'idéal socialiste.

Sur ce point, le point essentiel en somme, si bonnes que soient les relations de voisinage que nous entretiendrons avec les partis républicains, il faut bien le reconnaître, entre ces partis et nous, il y a forcément antagonisme.

Qu'on le veuille ou non, notre doctrine, conforme à la logique même de l'évolution des milieux et des individus, basée sur la contradiction flagrante qui existe entre les formes modernes de la production, devenue collective, et le mode d'appropriation, restée privée, dresse deux classes, l'une en face de l'autre sinon, — au moins d'une façon permanente, — l'une contre l'autre. Il est certain qu'entre ces deux classes les contacts sont, le plus souvent pacifiques et légaux. Il est même à souhaiter qu'entre la classe des travailleurs et les éléments les plus rapprochés, les moins hostiles de la classe bourgeoise, il y ait, sous l'influence des idées généreuses ou des faits, comme cela s'est produit au cours de l'affaire Dreyfus et pendant la période de défense républicaine, des pénétrations plus intimes en vue d'une collaboration généreuse et féconde au profit de la vérité éternelle ou du progrès humain *(Applaudissements)*.

Mais comme il serait puéril, comme il serait dangereux

de se faire illusion sur la portée, même simplement sur la durée de pareilles collaborations.

Bien des circonstances sont à naître qu'on peut ne pas désirer, mais qu'il serait criminel à nous de ne pas prévoir, qui mettront aux prises les collaborateurs de la veille.

Au simple point de vue de la réforme, les exigences de notre parti sont susceptibles de se traduire en actes, que n'approuveront, auxquels ne s'associeront jamais les partis républicains, même les mieux intentionnés. Il est à prévoir par exemple que, pour l'obtention d'une réforme déterminée, — la propagande, l'action parlementaire étant demeurées impuissantes, — il faille, de toute nécessité, recourir à d'autres moyens pour faire pression sur les pouvoirs publics. Il peut arriver aussi qu'une loi, édictant une amélioration sensible du sort des travailleurs, rencontre pour son application des résistances telles que seule puisse les rompre l'action directe du prolétariat organisé. Il serait chimérique d'espérer que nos alliés d'hier et de demain nous suivront jusque-là. Sur ce terrain, au contraire, nous devons nous attendre à rencontrer leur hostilité (*Approbation*).

Oh! j'entends bien; on m'objectera que les partis républicains n'ont pas toujours fait fi de l'action du prolétariat dans le pays; qu'il est telles circonstances récentes dans lesquelles ils ont su, au contraire, en apprécier toute l'efficacité. Mais c'est qu'alors elle s'exerçait au service d'intérêts d'ordre exclusivement politique.

Qu'importe. Il n'est pas inutile de rappeler ici qu'en effet la participation du parti socialiste à la défense républicaine ne s'est pas produite sous une seule forme.

Il est bien vrai que l'attitude de nos élus, que leurs votes sans cesse mêlés à ceux des républicains, ont puissamment contribué à assurer la déroute finale de la réaction nationaliste.

Mais on a vraiment une tendance exagérée à oublier qu'à l'origine, au moment le plus critique, à l'heure où le péril était partout et peut-être dans la rue plus qu'ailleurs, c'est l'action, — extérieure au parlement, — du prolétariat socialiste qui a été décisive pour arracher la République à l'étreinte brutale de ses ennemis *(Approbation)*. Et sans doute, est-ce à cette forme de l'action socialiste que le parti républicain aux abois avait tout d'abord pensé quand il fit offrir à l'un des nôtres une place dans les conseils du gouvernement *(Applaudissements)*.

A l'agitation brutale de la contre-révolution césarienne et cléricale, il fallait opposer une action de même nature. Et c'est parce que, de tous les partis républicains, il fut le seul capable d'un tel effort que notre parti a le droit aujourd'hui de revendiquer dans la défense républicaine la première place et la plus glorieuse.

Eh bien, cette action qui fut ainsi efficace pour sauver la République, qui donc, parmi nous, oserait prendre la responsabilité de conseiller au parti socialiste d'y renoncer, dès qu'elle peut être employée au service de ses propres intérêts ? Personne, assurément ; moi, certainement, moins que tout autre.

Pourtant, sur ce point, il est indispensable que j'explique brièvement la portée réelle de mes paroles.

Il ne faudrait pas croire que je veuille ici sacrifier au romantisme révolutionnaire qui sévit, avec une virulence si fâcheuse, dans certain milieu voisin du nôtre. Nous ne sommes pas de ceux, citoyens, qui confondant le but avec les moyens, ne tenant jamais aucun compte ni de l'état de l'évolution, ni du degré d'organisation du prolétariat, s'en vont, toujours trépidant sous une continuelle pression révolutionnaire, chercher à travers le pays, jusque dans les moindres conflits économiques, l'occasion facile de sonner le glas de la société capitaliste et de saluer l'aurore de la révolution sociale. Une telle tactique ne peut qu'entraîner les travailleurs à des mouvements irréfléchis, disproportionnés avec les résultats à atteindre, — chaotiques, incohérents, dont ils sont inévitablement les premières, pour ne pas dire les seules victimes.

Mais, ceci dit, cette réserve faite, je persiste à croire que le prolétariat sera amené par la force même des choses, surtout quand il s'agira de briser les résistances suprêmes de la société capitaliste, à un effort direct en vue duquel nous avons pour devoir impérieux de le préparer et de l'organiser dès maintenant...

Du reste, citoyens, même les efforts partiels, une fois ramenés à des proportions raisonnables, limités à l'obtention des résultats à leur portée, ont aussi leur efficacité et méritent d'être aidés par tous les moyens, — concours moraux, concours matériels, — dont dispose le parti.

Il serait bien fâcheux, citoyens, que les combinaisons exclusivement parlementaires rendissent les élus circonspects au point de se désintéresser de l'action du prolétariat dans le pays; il serait aussi déplorable que l'unique souci de l'action parlementaire portât le prolétariat à renoncer, par excès de confiance, à son action propre.

En un mot et pour conclure, ce que je veux dire, c'est que, toujours, en toute circonstance, que l'intérêt de l'action socialiste soit au parlement ou dans le pays, et quelque caractère qu'elle revête, la collaboration de tous les éléments du parti doit être effective et complète.

C'est ainsi, en prenant toutes les responsabilités — collectives, bien entendu, — qui peuvent naître des circonstances; en pratiquant toutes les formes de l'action qui peuvent s'offrir à lui, que, tour à tour souple, énergique, tenace, notre cher parti, les yeux et les efforts toujours tournés vers son idéal, parviendra à fonder la seule république qui qui puisse être vraiment à l'abri des complots césariens, la République des travailleurs, celle qu'instinctivement ils appellent de leurs vœux, sans avoir bien compris encore, hélas! qu'il leur suffirait de venir à nous, d'associer leurs espérances aux nôtres, de joindre leurs efforts à nos efforts, pour en assurer le triomphe.

Citoyens, à la Révolution sociale! (*Vifs applaudissements*).

Discours du Citoyen Jean Jaurès

Citoyennes et Citoyens,

Je m'associe sans réserve aux paroles de Briand, et si je parle ce soir seulement de notre action parlementaire prochaine, ce n'est pas par dédain pour les autres formes nécessaires de l'action prolétarienne, c'est parce que j'ai reçu mandat de chercher ce soir avec vous quelle serait l'œuvre, quelle serait la tactique du parti socialiste dans la législature prochaine.

Citoyens, nous pouvons faire cet examen d'un esprit calme et de sang-froid, car nous sommes à la clôture d'une période politique et à l'ouverture d'une autre. Le ministère de défense républicaine, autour duquel depuis trois ans tant de polémiques se sont élevées, est virtuellement démissionnaire; il considère que par la victoire de la République, par l'écrasement de la réaction nationaliste, il a terminé sa tâche et il passe le pouvoir à la démocratie souveraine. La participation socialiste au gouvernement, qui a provoqué aussi dans notre parti tant de controverses, tant de passions, vraies ou simulées, cette participation prend également fin. C'est donc devant une situation en partie nouvelle que nous nous trouvons maintenant.

Ah! citoyens, nous n'avons pas, à mon sens, à regretter l'effort qui a été fait depuis quatre ans et la politique qui a été pratiquée par le parti socialiste! Je sais qu'elle s'est poursuivie à travers bien des dissentiments, bien des épreuves, bien des difficultés; mais je crois qu'aujourd'hui, à juger les choses d'ensemble, nous pouvons nous dire que ceux qui nous conseillaient, sous prétexte d'intransigeance, la plus [illegible], mais la plus stérile agitation, que ceux-là s'étaient trompés *(Applaudissements)*.

Il reste, en effet, de l'effort qu'à des degrés divers et avec une adhésion inégale nous avons accompli ensemble depuis quatre ans, des résultats décisifs, ou du moins qui, par nous, le peuvent devenir. D'abord la République elle-même, qui, il y a quatre ans, il y a trois ans, était bafouée, humiliée, menacée, à la merci de généraux d'aventure... *(Applaudissements)*... et de moines calculateurs, la République est sauvée et elle peut maintenant disposer d'elle-même. La démocratie a repris possession de soi, et si elle ne faisait pas usage, en vue de la réforme sociale et du progrès humain, de sa liberté reconquise, ce serait une défaillance dont elle-même porterait maintenant la responsabilité *(Applaudissements)*.

Et puis, il y a eu un autre résultat, une autre conquête : c'est que, malgré tout, l'œuvre de réforme sociale, qui depuis bien des années semblait presque à jamais suspendue, cette œuvre a repris son chemin. Oh! je n'exagère pas la valeur des résultats obtenus! Je sais, par exemple, que la loi qui limite à dix heures, dans deux ans, la durée de la journée de travail ne s'applique qu'aux ateliers mixtes, et je sais que la jurisprudence des tribunaux, dans l'interprétation restrictive du texte de la loi, en a réduit la portée ; mais j'ai le droit de dire qu'en principe la loi qui limite à dix heures, pour plus des trois quarts des travailleurs, la durée de la journée de travail met la France républicaine, qui s'est très longtemps attardée dans la routine sociale, à l'avant-garde de la législation ouvrière européenne *(Applaudissements)*. Et ce qui me frappe dans ce résultat, dans le vote par la Chambre de la journée de travail de huit heures pour les ouvriers mineurs, ce n'est pas seulement le résultat lui-même, c'est la solidarité rendue visible du mouvement politique et du mouvement social. Pourquoi le Sénat, républicain mais socialement conservateur, pourquoi le Sénat, qui jusqu'ici avait résisté à toute réglementation légale s'appliquant à la journée des adultes, pourquoi le Sénat a-t-il consenti, presque sans débat, au vote de la journée de dix heures, non seulement pour les enfants et pour les femmes, mais pour les hommes ? C'est parce qu'il a vu que, dans la crise des libertés politiques, le concours du prolétariat était nécessaire, et ce Sénat, socialement conservateur, a dû payer la rançon sociale de la liberté politique *(Applaudissements)*.

Et puis il y a un autre résultat encore que nous avons conquis ; c'est que dans notre pays, où, en attendant l'organisation définitive de l'ordre socialiste, le parlement, quelque contesté qu'il puisse être, est, malgré tout, la seule forme possible de la discussion nationale et, par conséquent, de la liberté républicaine, c'est que ce parlement, qui avait été discrédité et abaissé par la multiplicité de crises stériles qui servaient, non pas la révolution, mais le césarisme, c'est que ce parlement, pour la première fois, a donné l'exemple, pendant trois années, malgré toutes les tentations, tous les assauts et tous les pièges, d'un esprit de suite, d'une continuité, d'une stabilité gouvernementale d'autant plus remarquable que si c'est pour la première fois depuis trente ans qu'un ministère a duré trois années, il a duré trois années, non pas en s'appuyant sur l'immobilité des partis conservateurs, mais sur les forces mouvantes des partis démocratiques ! *(Applaudissements)*. Et je dis que c'est là, non seulement pour la liberté républicaine, mais pour la justice sociale, un précédent que nous avons le droit et le devoir de retenir, et ce sera à nous, forgeant peu à peu la solidité et la souplesse de cet instrument parlementaire, ce sera à nous de le remettre puissant et souple aux mains du prolétariat pour qu'il s'en serve en vue de créer toujours plus de justice sociale *(Applaudissements)*.

Et enfin de la longue bataille qui s'est livrée pendant

trois et quatre ans, du long effort politique et républicain qui a été accompli, il reste encore ceci : c'est que, non seulement la majorité républicaine a été accrue en nombre, mais, ce qui importe plus, elle a été accrue en fermeté, en ardeur, et la caractéristique des élections dernières, qui sont la sanction de l'effort accompli, c'est un mouvement général de la démocratie et des partis politiques vers la gauche.

Citoyens, je sais, comme Briand, qu'entre le parti de la démocratie politique bourgeoise le plus hardi, le plus voisin de nous, et nous mêmes, il y a toute la distance de la réforme sociale, qui entend seulement pallier les abus de la propriété capitaliste, à la révolution sociale, qui veut transformer la propriété (*Applaudissements*). Je le sais, et aucun de nous ne l'oublie, aucun de nous ne l'oubliera. Mais il reste vrai qu'il est dans les traditions, dans l'histoire de la France, depuis la Révolution, depuis que les Montagnards de la Convention ont donné la main aux premiers communistes, il est dans les traditions de la France que l'extrémité de la démocratie politique a une vocation naturelle et historique à se convertir en un commencement de démocratie sociale; il est dans la vérité historique qu'à mesure que s'élève dans ce pays la température de la démocratie et de la Révolution, les éléments réfractaires au socialisme s'assouplissent comme un métal pénétré par la chaleur de la flamme, et à ce métal plus malléable nous pourrons imprimer peu à peu l'effigie de la République Sociale! (*Applaudissements*).

Eh bien, nous n'avons donc pas à regretter les résultats obtenus. Ah! il y a eu des jours difficiles, il y a eu des moments où les fautes de la démocratie républicaine l'emportaient si lourdement sur les services rendus que le concours qui lui était prêté par le parti socialiste pouvait scandaliser quelques esprits! Citoyens, nous avons persévéré et nous avons eu raison de persévérer, parce que ce qui fait la caractéristique de la pensée humaine, ce qui est la marque de la force intellectuelle d'un individu, d'une classe, d'une nation, c'est de ne pas faire au jour le jour le compte des événements, c'est de ne pas imiter le commerçant au jour la journée qui croirait avoir établi son bilan définitif en faisant chaque soir son compte de caisse. Non, non, la force d'un parti d'avenir, qui sait ce qu'il veut, qui voit au delà du jour présent, c'est d'être capable d'établir la balance des gains et des pertes, le bilan de l'actif et du passif et de ne pas se laisser entraîner à ces impressions énervantes que propage la démagogie, servante de la réaction (*Applaudissements*).

Au reste, si le parti socialiste a bénéficié et s'il bénéficie indirectement de tout ce progrès de sécurité républicaine et de démocratie, nous avons réalisé aussi des progrès directs. Je ne veux pas refaire le calcul des suffrages ; mais il est certain que le parti socialiste est en progression, non seulement indirecte, mais directe, et cette progression serait bien plus marquée si nous n'avions pas pris plaisir d'en affaiblir nous-mêmes d'avance la vigueur par des divisions misérables... (*Applaudissements*)

Ces divisions vont-elles prendre fin et y aura-t-il un jour accord complet des socialistes de toutes fractions et de toutes nuances ? Je persiste à le désirer, je persiste à l'espérer ; mais l'expérience m'a démontré que ce serait pour nous une faute de multiplier, auprès de ce qui reste des vieilles organisations sectaires, des avances d'union où jusqu'ici, elles n'ont voulu voir que des marques de faiblesse (*Applaudissements*).

Si les raisons qu'elles allèguent n'étaient pas de simples prétextes; si elles n'avaient été vraiment séparées de nous que par la question de la participation ministérielle, les querelles qu'elles nous font n'auraient pas commencé avant, et elles ont commencé avant, et elles ne se continueraient pas après, et elles se continuent après (*Très bien, très bien*). Et s'il n'y avait qu'une inquiétude à propos des programmes, à propos de la pureté des principes et de la doctrine, les décisions de notre Congrès de Tours l'auraient irrémédiablement dissipée, et les Blanquistes, qui prétendent concilier aujourd'hui la rigueur scientifique de la pensée marxiste avec la force révolutionnaire de la tradition française, auraient dû venir à nous, parce que c'est dans notre déclaration de principes qu'est la véritable formule de leur véritable pensée! *(Applaudissem[illegible])*

Non, la vérité c'est que les [illegible] pas consenti à disparaître dans la grande unité socialiste. Eh bien, il faudra que tous les éléments socialistes se fondent peu à peu dans cette unité, non pas par des négociations d'organisations centrales à organisations centrales, mais par la puissance absorbante des fédérations autonomes représentant la vie du parti *(Applaudissements)*.

Nous, nous pouvons nous dire, à l'issue de cette bataille, que nous n'avons à nous reprocher aucune de ces compromissions revêtues d'intransigeance; ce n'est pas nous qui avons osé dire à Bordeaux, à Paris, à Corbeil, à Epernay, ailleurs encore, ce n'est pas nous qui avons osé dire qu'entre le nationaliste réacteur et la démocratie républicaine bourgeoise il n'y avait pas de différence à faire; ce n'est pas nous qui avons fait de la lutte des classes le pavillon des trahisons parfois mercenaires! *(Applaudissements prolongés)*. Et ce n'est pas nous qui, sous prétexte de révolution, nous sommes immobilisés et recroquevillés dans la carapace de mandats déjà conquis! Nous avons fait des pertes, nous en avons fait de cruelles, nous avons fait des pertes par la nécessité même, si j'ose dire, ou par la fatalité de l'évolution économique; nous avons perdu le Paris du centre où était Gras, où était Chassaing, où était Viviani, parce que peu à peu le prolétariat en émigre; mais partout où il y a eu des conquêtes à faire et partout où des conquêtes ont été faites... il y a plusieurs points, plusieurs blocs où des conquêtes ont été réalisées, c'est le Rhône, c'est la Loire, c'est la Côte-d'Or et c'est la ceinture prolétarienne intérieure de Paris... (*Applaudissements*)... eh bien, dans tous ces champs de bataille, dans tous ces champs de conquête où le parti socialiste a élargi son action, ce sont les nôtres, ce sont les vôtres qui ont porté le drapeau, et ceux qui prétendaient qu'ils étaient les seuls gardiens de la pensée prolétarienne avaient institué entre eux et le prolétariat vivant un tel divorce profond, que jamais aucun d'eux n'a été là où était la bataille conquérante! (*Applaudissements*).

Nous avons donc le droit d'attendre que le temps fasse son œuvre en démontrant peu à peu aux dissidents qu'ils n'ont plus de refuge contre l'irrémédiable impuissance que dans l'unité par le socialisme fédéralement organisé, et cela nous permet de nous consoler un peu des critiques doctrinaires que nous adressent souvent dans quelques revues des hommes de cabinet qui, n'étant mêlés ni aux grèves, ni à la bataille, ni à l'action, qui n'ayant pas porté sur eux tous les jours le fardeau des calomnies et des haines se bornent à suivre les militants pour épier leurs pas et leurs gestes et pour se demander en pleine bataille si à une de leurs paroles il ne se mêle pas un soupçon d'esprit petit bourgeois (*Applaudissements*).

Cela nous permet aussi, je tiens à le dire, de ne pas nous émouvoir outre mesure de certaines excommunications qui ont été lancées contre nous par le marxisme intransigeant d'outre Rhin. De l'autre côté aussi, il y a une une revue qui s'est instituée comme un bureau de censure internationale du socialisme. Eh bien, cette censure, nous, socialistes, nous prétendons qu'elle n'est pas justifiée par les faits. Avant-hier, c'est nous qu'elle frappait ; hier, c'étaient nos camarades socialistes belges. Eh oui! ils n'ont pas réussi cette fois à conquérir le suffrage universel; mais du moins ils l'ont essayé, mais du moins ils ont combattu! Il y a huit ans, ils n'avaient qu'un suffrage censitaire misérablement restreint : par la grève générale, par l'agitation politique, ils ont conquis un suffrage plus élargi; il y a trois ans ils ont fait reculer le ministère clérical belge, et si cette fois ils n'ont pas emporté ce qui reste du privilège bourgeois, du moins ils ont bataillé et je trouve singulier que Kautsky, que Rosa Luxembourg les dénoncent au nom d'une prétendue méthode supérieure. Je demande à ceux de nos camarades socialistes allemands qui nous appliquent ces méthodes d'intransigeance ce qu'ils diraient de nous si, sans tenir compte des difficultés particulières que leur oppose là-bas la constitution de l'empire, nous leur reprochions de n'avoir rien fait depuis trente ans pour transformer leur régime politique; si nous leur reprochions de n'avoir pas su créer la vérité du régime parlementaire et la responsabilité des ministres dirigeants; si nous leur reprochions de n'avoir su conquérir dans aucun des landtag un commencement de suffrage universel et si nous leur faisions un crime, en Saxe, où ils avaient le suffrage universel, de n'avoir pas su le défendre!

Eh bien, non, et je ne prétends pas leur retourner en griefs injustes leurs injustes et pédantesques accusations; mais je dis que la vérité est pour tous, que la justice est pour tous, et que ceux qui, comme nous, bataillent de toutes leurs fibres, bataillent de tout leur cœur et de tout leur cerveau, ont droit à l'équité du parti socialiste international! (*Applaudissements prolongés*).

Oui, et la bataille va continuer, et notre œuvre sera demain, sinon aussi rude, du moins aussi délicate, aussi difficile qu'elle l'ait jamais été. Ce serait, camarades, une illusion puérile de nous imaginer qu'à partir du jour où il n'y a plus de socialiste dans les conseils du gouvernement, les rapports du groupe socialiste parlementaire avec les gouvernants possibles de demain vont être d'une simplicité parfaite. Non, à mesure que le parti socialiste grandit, les difficultés et les complications grandissent. Demain, selon la logique des élections et selon la logique de la volonté parlementaire, qui s'exprimera probablement dès le premier jour par le choix d'un républicain de gauche pour la présidence de la Chambre... (*Applaudissements*)... demain c'est un gouvernement de gauche qui sera institué, et comme c'est la première fois depuis trente ans que le parti radical et radical socialiste forme dans la majorité républicaine une telle majorité, que c'est lui vraiment qui est désigné pour l'exercice du pouvoir, il est dans la logique des choses... je ne dis pas, citoyens, qu'il est certain, car les combinaisons parlementaires et présidentielles ne répondent pas toujours à la logique des choses...mais il est dans la logique des choses que ce soit un ministère radical, et radical socialiste, qui prenne la responsabilité des affaires. Eh bien, il aura 220 ou 230 radicaux et radicaux socialistes pour le soutenir par définition. Cela ne suffira pas à le faire vivre contre la coalition des nationalistes, des mélinistes et des héritiers présomptifs (*Rires*) ; il sera donc obligé de chercher son point d'appui ou à droite, sur des républicains plus modérés, qui ne veulent pas pourtant pactiser avec la réaction, ou à gauche, sur le groupe socialiste, et notez bien ceci, c'est que plus sa politique sera démocratique, plus elle sera hardie, plus elle sera vigoureuse, plus, par conséquent, elle s'aliènera jusqu'à la possibilité du concours des éléments plus modérés, plus aussi il deviendra nécessaire à ce cabinet de s'appuyer sur l'élément socialiste et plus il deviendra nécessaire à l'élément socialiste de se demander comment et à quelles conditions il peut faire vivre le cabinet, et c'est là que, non seulement tous les élus, mais tous les socialistes, tout le parti, auront besoin d'un grand effort de prévoyance, de prudence et de sang-froid pour n'être pas à la merci des incidents éphémères de l'intrigue parlementaire et pour être capables de dégager la ligne générale de l'action.

Ah ! citoyens, nous avons un intérêt de premier ordre à ce que le gouvernement de demain, si c'est un gouvernement vraiment radical et réformateur, nous avons un intérêt de premier ordre à ce qu'il aboutisse. Ne vous imaginez pas que le peuple ira vers nous par dégoût de l'impuissance de la démocratie bourgeoise ; le peuple va vers le socialisme, parce qu'il aperçoit en lui le seul complément vigoureux et logique des résultats partiels et insuffisants que lui peuvent apporter les autres partis. Mais s'il n'y a jamais de résultat, s'il y a toujours attente vaine, s'il y a toujours avortement, un dixième des prolétaires va vers le socialisme et vers la révolution, neuf dixièmes retombent dans l'abîme de la réaction (*Applaudissements*).

Je ne parle donc pas de l'intérêt immédiat qu'il y a pour le prolétariat à la réalisation de réformes immédiates ; il en est de toutes prêtes, il en est de toutes mûres qu'il attend, qu'il peut cueillir, et que nous ne pourrons lui donner que par les mains d'un gouvernement de gauche qui dure. Mais je parle surtout de l'état d'esprit qu'il faut créer dans le prolétariat, état de confiance et non pas état de désespérance et, en tout cas, entendez-moi bien, oui, si le parti radical et le gouvernement radical, qui tant de fois déjà se sont dérobés et ont manqué à leur tâche, s'ils se dérobent une fois de plus, s'ils font faillite une fois de plus, oui nous pourrons recueillir une part de la clientèle de ces partis en faillite, mais à la condition qu'il apparaisse à tous que nous ne sommes en rien responsables de cette faillite... (*Applaudissements*)... et que nous avons fait tous les efforts pour l'éviter, pour la prévenir, pour jouer le rôle de soutien et le rôle d'aiguillon, pour essayer toujours d'entraîner plus loin la majorité et le gouvernement sans jamais leur tendre de piège, sans jamais se livrer à cette tricherie de la surenchère captieuse qui n'a d'autre but que de grouper pour la négation l'extrémité de la droite et l'extrémité de la gauche (*Applaudissements*).

Est-ce à dire, citoyens, que dans ce nécessaire concours que nous prêterons à un gouvernement républicain bourgeois de réformes, s'il est loyal, s'il est probe, est-ce à dire que nous pourrons jamais oublier, ou laisser oublier notre plein idéal socialiste ? En vérité, je m'étonne lorsque j'entends des camarades exprimer la crainte qu'en s'associant à cette œuvre immédiate et nécessaire d'évolution démocratique, nous perdions de vue et nous fassions perdre de vue au peuple le suprême idéal socialiste ! Mais comment se figurent-ils donc cet idéal ! Se le figurent-ils comme un rêve abstrait ? se le figurent-ils comme une pensée inerte et morte qui ne se mêlerait pas à l'action et à la lutte de chaque jour ? Mais, de même qu'il est impossible au grand physicien d'observer un phénomène, si vulgaire soit-il, sans le ramener, par les habitudes de sa pensée, à des formules et à des lois de physique ; de même qu'il est impossible au grand chimiste d'assister, dans le fourneau même de sa cuisine, à la plus vulgaire des combinaisons chimiques sans la ramener à la beauté et à la hardiesse des lois créatrices de la chimie ; de même qu'il est impossible au grand poète d'assister au plus banal en apparence des spectacles sans en extraire la parcelle d'idéal qu'il contient ; de même il est impossible à ce grand savant et à ce grand poète de justice qui s'appelle le parti socialiste d'assister et de participer à la plus modeste des œuvres de réforme sans s'idéaliser en sa sublime pensée finale. (*Applaudissements*.)

Et les occasions, citoyens, ne nous manqueront pas, et les moyens pratiques ne nous manqueront pas d'affirmer et de préciser notre idéal. D'abord, nous le montrerons sans cesse comme le prolongement logique des réformes déjà engagées ; puis, d'intervalle à intervalle, nous obligerons le parlement et la majorité républicaine à procéder à une sorte d'examen de conscience ; nous demanderons aux radicaux, qui, dans leurs congrès, ont promis d'assurer aux travailleurs la propriété de l'instrument de travail, s'il s'agit là du vieil instrument de travail individuel, du rouet, du marteau, du rabot ou de la lime et s'il est possible d'assurer la propriété de l'outillage collectif autrement que par la propriété collective? (*Applaudissements*).

Milhaud disait tout à l'heure que le Parlement aurait le dernier mot en toutes les questions; il disait que même la suprême transformation sociale de la propriété capitaliste en propriété collective serait décidée par un Parlement quelle que soit d'ailleurs la forme de ce Parlement. Je vais plus loin et je dis que, dès maintenant, il est possible de porter devant le Parlement des projets de loi étendus et précis, des propositions qui, dès aujourd'hui transforment légalement de larges blocs de la propriété capitaliste en propriété sociale.

Savez-vous ce que je reproche à plusieurs de nos camarades révolutionnaires? C'est d'avoir manqué de hardiesse dans les projets de loi qu'ils soumettaient au Parlement; c'est, sous prétexte que la société capitaliste est une sorte de matière rigide et rebelle, d'avoir négligé de présenter au Parlement des projets, où une immense partie du domaine capitaliste actuel serait transformée en propriété sociale et soumise à la gérance des travailleurs organisés. Eh bien! c'est là l'œuvre que nous ferons, avec le concours des syndicats, avec le concours des hommes de science pour obliger le Parlement, pour obliger le pays, pour obliger toutes les fractions de la bourgeoisie à discuter non plus seulement des formules générales mais de vastes applications du collectivisme communiste (*Applaudissements*).

J'ajoute, je termine par là ces explications trop longues, que la vie même à toute minute fait jaillir pour les socialistes des occasions de formuler leur pensée. Voici la question du sucre posée à la Conférence de Bruxelles et elle va venir dans quelques semaines devant le Parlement. Elle suppose que les nations de l'Europe commencent à renoncer à une partie de leur souveraineté fiscale et de leur souveraineté économique intérieure pour créer un régime sucrier international, c'est-à-dire un commencement d'internationalisme économique.

Voilà comment les problèmes socialistes pénètrent dans la vie quotidienne du Parlement lui-même. Je pourrais multiplier les exemples ; je pourrais dire surtout que pour nous qui sommes le parti du désarmement, le parti de la paix, non plus de la paix armée et belliqueuse, mais de la paix désarmée, de la paix pacifique, les évènements multiplient aussi les occasions d'affirmer notre idéal d'une façon concrète, d'une façon positive.

Nous les avons, à mon sens beaucoup trop négligées. Lorsque le czar, dans une pensée que je ne juge pas, et qu'elle qu'ait pu être son intention cachée, a proposé qu'à la Conférence de La Haye on s'entendit pour la réduction simultanée des armements et des budgets de la Guerre et de la Marine, nous avons eu tort de railler et de mépriser ; il fallait avoir l'air de prendre cette proposition au sérieux et il fallait faire au gouvernement de la République française une loi de paraître prendre au sérieux cette proposition. Et le jour où, après un vote du Parlement, le Président de la France républicaine aurait, devant le monde entier, devant les nations attentives, répondu au czar : oui, votre proposition est bonne et nous nous associons à vous pour diminuer le fardeau des armements qui écrasent le monde, — ce jour là, ni en Allemagne, ni en Italie, ni en Belgique, ni en Espagne, ni en Suède, on n'aurait pu arrêter le mouvement des peuples ! C'est nous qui sommes coupables avec nos dédains transcendants ! (*Applaudissements*)

Nous aurons vingt fois, cent fois l'occasion de dire à tous les républicains : vous voulez combattre le nationalisme, l'esprit de haine, l'esprit de guerre, l'esprit d'exclusivisme, l'esprit de bestialité, eh bien, pour le combattre, nous ne vous demandons pas de livrer la France désarmée aux convoitises de voisins qui resteraient armés, nous vous demandons de saisir toutes les occasions de proposer le désarmement simultané des peuples, et par là la grande France rentrera dans sa tradition glorieuse. Il fut un temps, — trop court — de 1789 à 1792, où la France de la Révolution proclamait pour le monde les libertés nouvelles, et où elle n'était pas acculée encore par les fautes de l'intérieur ou par les intrigues extérieures à soutenir au dehors les idées de liberté par la force des armes; il y a eu là une période admirable, lumineuse de rayonnement pacifique de la liberté française à travers la conscience universelle. Et à ce moment c'était l'applaudissement des peuples, c'était le rêve exalté des penseurs, des savants, des philosophes et des poètes se tournant vers la France pacifique et libératrice. C'était le grand poète anglais s'écriant : qu'il est doux et joyeux de tressaillir dans cette aurore et de voir la France à la cime des heures dorées! A ces heures dorées de la liberté pacifique et rayonnante ont succédé les heures brutales et sombres du despotisme et de la guerre. Nous voulons de nouveau dissiper ces nuées et ramener la France à ces cimes des heures dorées. C'est la république sociale qui l'y ramènera. (*Vifs applaudissements et acclamations prolongés*).

Sténographie de MM. CORCOS Frères

IMPRIMERIE MARCEL MAUGRAS, 12, RUE DU CHATEAU-D'EAU, PARIS
TÉLÉPHONE 297-88

Travail exécuté par des Ouvriers Syndiqués

PARTI SOCIALISTE FRANÇAIS

(UNITÉ FÉDÉRATIVE)

FÉDÉRATIONS ADHÉRENTES

GROUPE SOCIALISTE PARLEMENTAIRE.
AIN.
AISNE.
ANJOU-POITOU-VENDÉE.
ARDENNES.
AUVERGNE.
BASSE-NORMANDIE ET SARTHE.
CHARENTE.
CHER.
COTE-D'OR.
DEUX-SÈVRES ET SAINTONGE.
DROME ET ARDÈCHE.
GARD.
GIRONDE.
GUADELOUPE.
INDRE.
INDRE-ET-LOIRE.
JURA.
LOIRE.
MARTINIQUE.
NIÈVRE.
NORD ET PAS-DE-CALAIS.
OISE.
RHONE.
DEUX-SAVOIES.
SEINE.
SEINE-INFÉRIEURE.
SEINE-ET-OISE.
TARN.
VAUCLUSE.
VIENNE ET CHOLETAIS.
YONNE.

POUR PARAITRE PROCHAINEMENT

En une brochure éditée par le Comité Interfédéral :

LA DÉCLARATION DE PRINCIPES

ET LE

PROGRAMME DE RÉFORMES IMMÉDIATES

du Parti Socialiste Français

EN VENTE

A la Société Nouvelle de Librairie et d'Édition, 17, rue Cujas, Paris, (5e arrond.), le

COMPTE-RENDU STÉNOGRAPHIQUE

DU

QUATRIÈME CONGRÈS GÉNÉRAL

DU

PARTI SOCIALISTE FRANÇAIS

Tenu à Tours du 2 au 4 Mars 1902

1 vol. in-18 de 441 pages : 3 fr. 50.

Pour les Groupes, Syndicats et Coopératives socialistes et leurs membres, l'exemplaire de souscription : **2 francs.**

Imp. VALGAS, 12, rue du Château-d'Eau. Téléph. 297-48. — Composé par des ouvriers syndiqués.

www.ingramcontent.com/pod-product-compliance
Lightning Source LLC
LaVergne TN
LVHW010055230826
846091LV00005B/1944

* 9 7 8 2 0 1 3 0 6 3 7 7 7 *